土屋律子　詩集

コピーロボット

吉野晃希男　絵

JUNIOR POEM SERIES

もくじ

I

心《こころ》を見《み》つめて

I

心《こころ》を見《み》つめて

地《ち》図《ず》にない道《みち》

生《い》きていく道は
地図にはない
案内《あんない》してくれる人《ひと》も
道しるべもない

じぶんの頭《あたま》で
考《かんが》えながら
なやみながら
まよいながら
進《すす》むしかない

未来《みらい》にどんな道が
待《ま》っていようと
じぶんの足《あし》で
じぶんの速《はや》さで
じぶんの心《こころ》で
歩《ある》く　歩く　歩く

歩いているとちゅう
振《ふ》り返《かえ》ってみると
じぶんの足跡《あしあと》が
つながって
じぶんだけの道ができる

まっ白《しろ》なページ

未来《みらい》のページは
今《いま》はまっ白

たくさん
残《のこ》っている
まっ白なページ

これから
どんなことが

じぶんのページに
描《えが》かれていくのか
うれしいこと
悲《かな》しいこと
成功《せいこう》や失敗《しっぱい》
楽《たの》しいこと
くやしいこと

どのページにも
母《かあ》さんの温《あたた》かい
まなざし
見《み》えかくれ
するのだろう

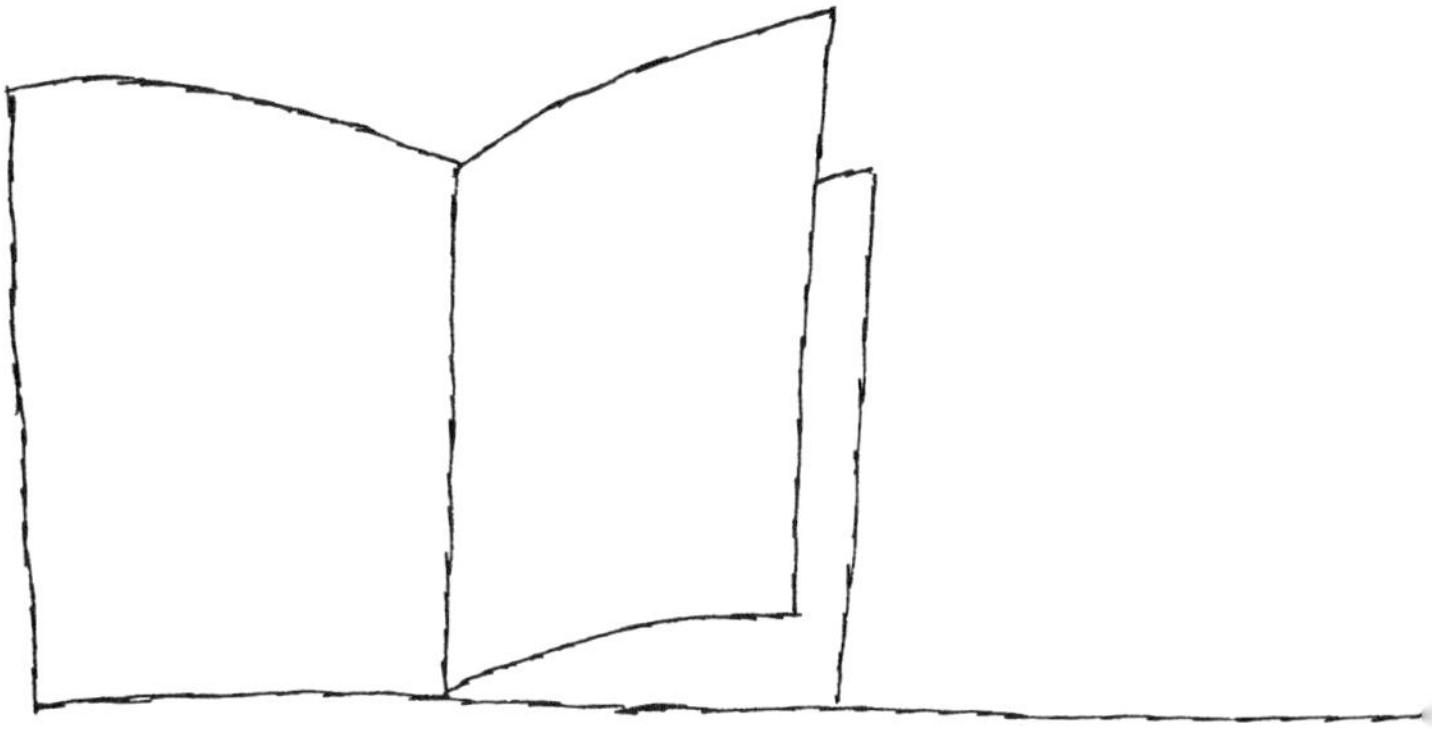

星《ほし》のこえ

夜空《よぞら》のかなたから
きこえてくるよ
しずかな
星のこえ
ボクたちの
すみきった
こころにとどく
やさしい　こえだよ

夜空のかなたから
きこえてくるよ
かがやく
星のこえ
ボクたちの
はてしない
みらいをかたる
あかるい　こえだよ

いのちあってこそ

きれいな　お花《はな》
見《み》つめてる
おいしいごはん
食《た》べている
大好《だいす》きな本《ほん》
読《よ》んでいる

やさしい心《こころ》
感《かん》じてる
おだやかな日々《ひび》
すごしてる
ひろがる未来《みらい》
ゆめみてる

ドアをあけよう

気持《きも》ちがヘコんだ時《とき》
過去《かこ》へのドア
あけてみようよ
母《かあ》さんのうしろに
かくれていた
なにもできなかった
じぶんに出会《であ》って
成長《せいちょう》したじぶんに
ほこりがもてるよ

気持ちが落《お》ち込《こ》んだ時
未来《みらい》へのドア
あけてみようよ
父《とう》さんを追《お》い抜《ぬ》いて
エネルギッシュに
成長した
じぶんに出会って
未来への希望《きぼう》
あふれでるよ

未来《みらい》への助走《じょそう》

なやんだり
苦《くる》しんだり
悲《かな》しんだりしている
きみへ

きみは
いま
未来に
飛《と》びたつための

助走をつづけている

あきらめず
ためらわず
自信《じしん》をもって
助走をつづけてみよう

きっと　きっと
羽《は》ばたく時《とき》が
かならず来《く》るから

気候《きこう》のねじ

一年分《いちねんぶん》の雨《あめ》が
局地的《きょくちてき》に
一日《いちにち》に降《ふ》ったり
猛暑《もうしょ》の連続《れんぞく》で
最高気温《さいこうきおん》の記録《きろく》が
ぬりかえられたり

暑いと思《おも》っていたら
寒《さむ》くなって
秋《あき》らしい日《ひ》が
つづかなくなったり

気候のねじが
はずれて
どこかへ
とんでいったのかな

おしえてほしいけど

チューリップ
みどり色《いろ》のつぼみ

つぼみのなかに
なに色が
かくれているのか
やさしい
春《はる》の風《かぜ》が
きいても

かたく　くちを
とじたまま
おしえてくれない

なに色か
わからないから
たのしみ
ふくらむ
ふくらむ

カメくんのひっこし

だれも住《す》んでない
よごれた
池《いけ》にくらしていた
カメくん

池をこわすことになって
ボクの水《すい》そうに
ひっこしてきた

カメくん
ようこそ！
でも　きみは
なにを食《た》べていたの？
見《み》すてられていたのに
長《なが》い間《あいだ》
よく生《い》きていて
くれたね

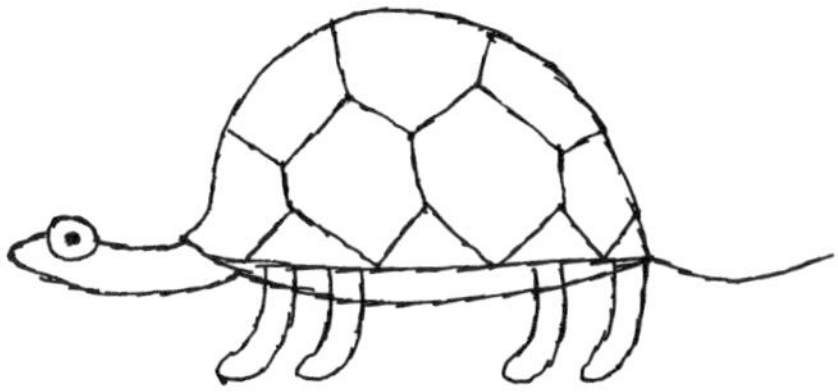

冬《ふゆ》の庭《にわ》

寒《さむ》さのつづく中《なか》
木《き》も花《はな》も
冬眠《とうみん》している
さっぷうけいな
さびしい　冬の庭

土《つち》の中では
さまざまな根《ね》っこが
春《はる》にそなえて

力《ちから》をつけている

春には
どんな花が咲《さ》き
明《あか》るい庭になるのか
秋《あき》には
どんな実《み》がなるのか
楽《たの》しみがふくらむ
冬の庭

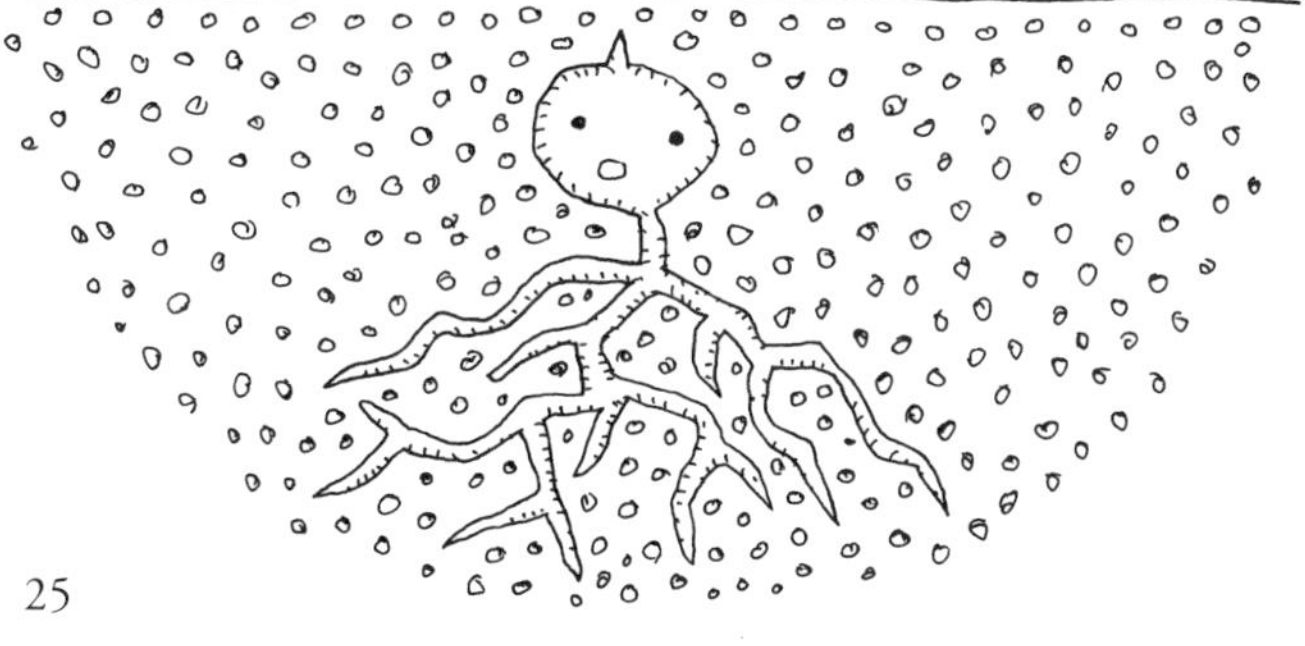

心《こころ》の痛《いた》み

幼《おさな》いころ
いたずらしたり
小《ちい》さい子《こ》　いじめたり
悪《わる》ふざけ　したりして
母《かあ》さんに叱《しか》られて
たたかれたりしたこと
あったかな

今《いま》は
母さんの心の痛み
わからなくても
大人《おとな》になると
わかるんだ
たたかれたほうより
たたいた手《て》のほうが
痛いということ

たたいた心のほうが
なんばいも
悲《かな》しいということ

けんかは大事《だいじ》？

相手《あいて》にまっすぐ
ぶつかっていく　けんか

相手に負《ま》けずに
じぶんを強《つよ》く見《み》せる　けんか

相手に向《む》かって
心《こころ》のドアを開《あ》ける　けんか

相手の事《こと》を見つめる
きっかけになる　けんか

けんかは
仲直《なかなお》りの始《はじ》まり

あとになってわかるんだ
けんかは大事だって

すうじのいち

すうじのいちは
まっすぐなせん
まっすぐなきもちで
がんばれば
かけっこ　いっとうしょう
べんきょうだって　いちばんに
なれるかな
なりたいな

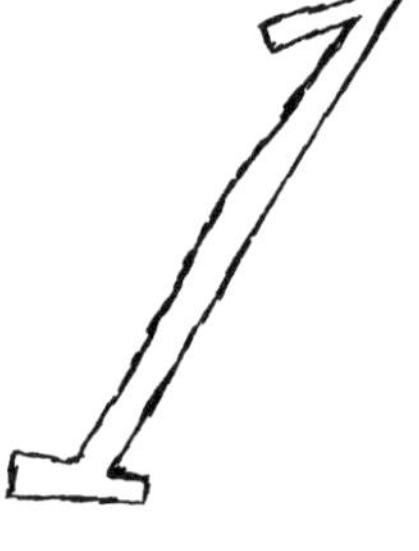

すうじのいちは
いっぽんのせん
ひとつのことに
うちこめば
だれにも　まけない
すきなことで　いちばんに
なれるかな
なりたいな

空《そら》とぶパン

しょくパンが
じゅうたんになって
空をとんだら
のってみたいな
ふかふか　ふんわりと
しょくパンのじゅうたんに

ドーナツパンが
UFO《ユーホー》になって

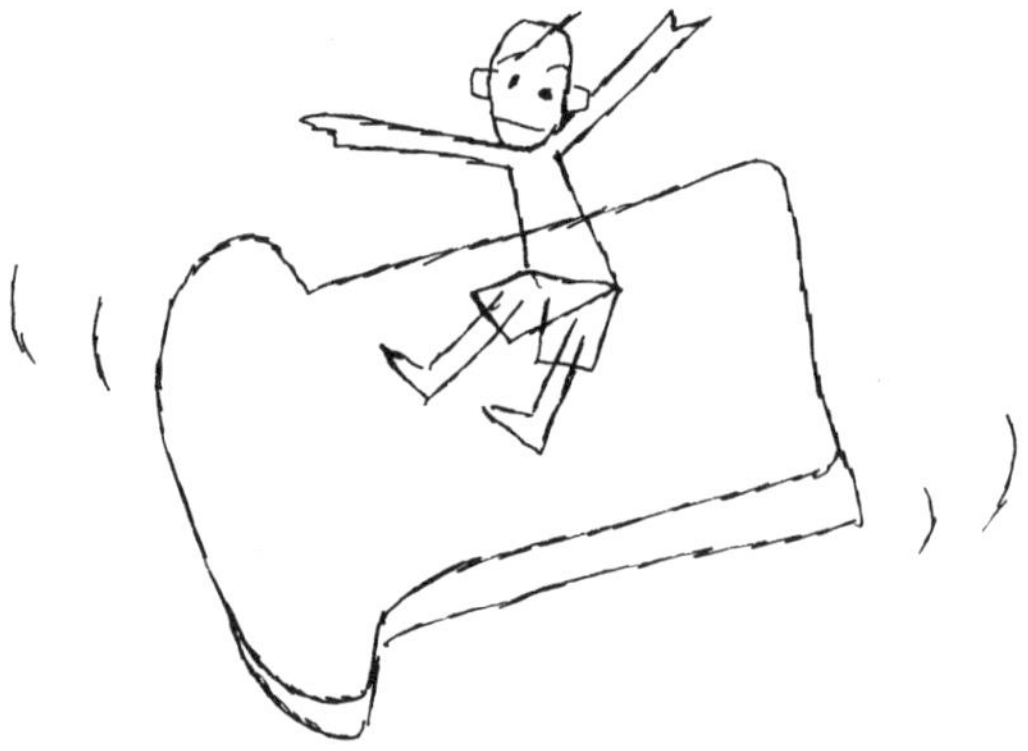

空をとんだら
のってみたいな
まんまる　ぐるぐると
ドーナツパンのＵＦＯに

フランスパンが
ひこうきになって
空をとんだら
のってみたいな
ともだち　じゅうにんと
フランスパンのひこうきに

（二〇一九年東京都《とうきょうと》児《じ》童《どう》作曲《さっきょく》コンクールの課《か》題《だい》詩《し》）

どんなおに？

「おにはそと
ふくはうち」と
いいながら
せつぶんに
豆《まめ》をまく

じぶんのなかにいる
おにをおいだしてーって
母《かあ》さんが言《い》うので

大《おお》きな声《こえ》で
外《そと》に豆をまく

ボクのなかにいるおにって
どんなおに？

わがままで
母さんの言うことききかない
おにかな？

コピーロボット

ボクの
コピーロボット
いたら
べんりだね

コピーロボットは
学校《がっこう》へ行《い》って
まじめに勉強《べんきょう》　勉強
よい子《こ》のロボット

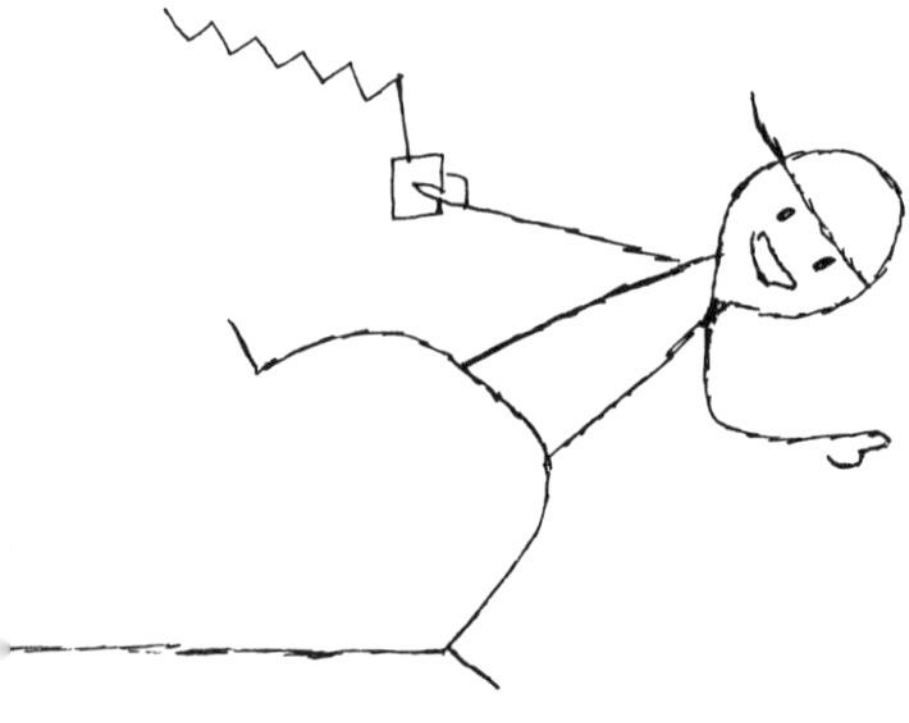

ほんとうのボクは
好《す》きなだけ
ゲームであそぶ

でも　しんぱい
コピーロボット
こわれたら——

時間《じかん》どろぼう

勉強《べんきょう》の時間を
うばっていく
時間どろぼうって
だーれ？

それは
大好《だいす》きなゲーム

はじめたら

やめようと思《おも》っても
やめられず
時間があれよあれよと
すぎていくばかり

母《かあ》さんのおにのような
おこった顔《かお》にも
負《ま》けない
時間どろぼう

母《かあ》さんはみなと

ボクをおくりだしてくれる
母さんはみなと
大《おお》うなばら
ずんずんとすすんでゆく
ボクはふね
ボクをはげまし
手《て》をふってくれる
母さんは
だいすきな　みなと

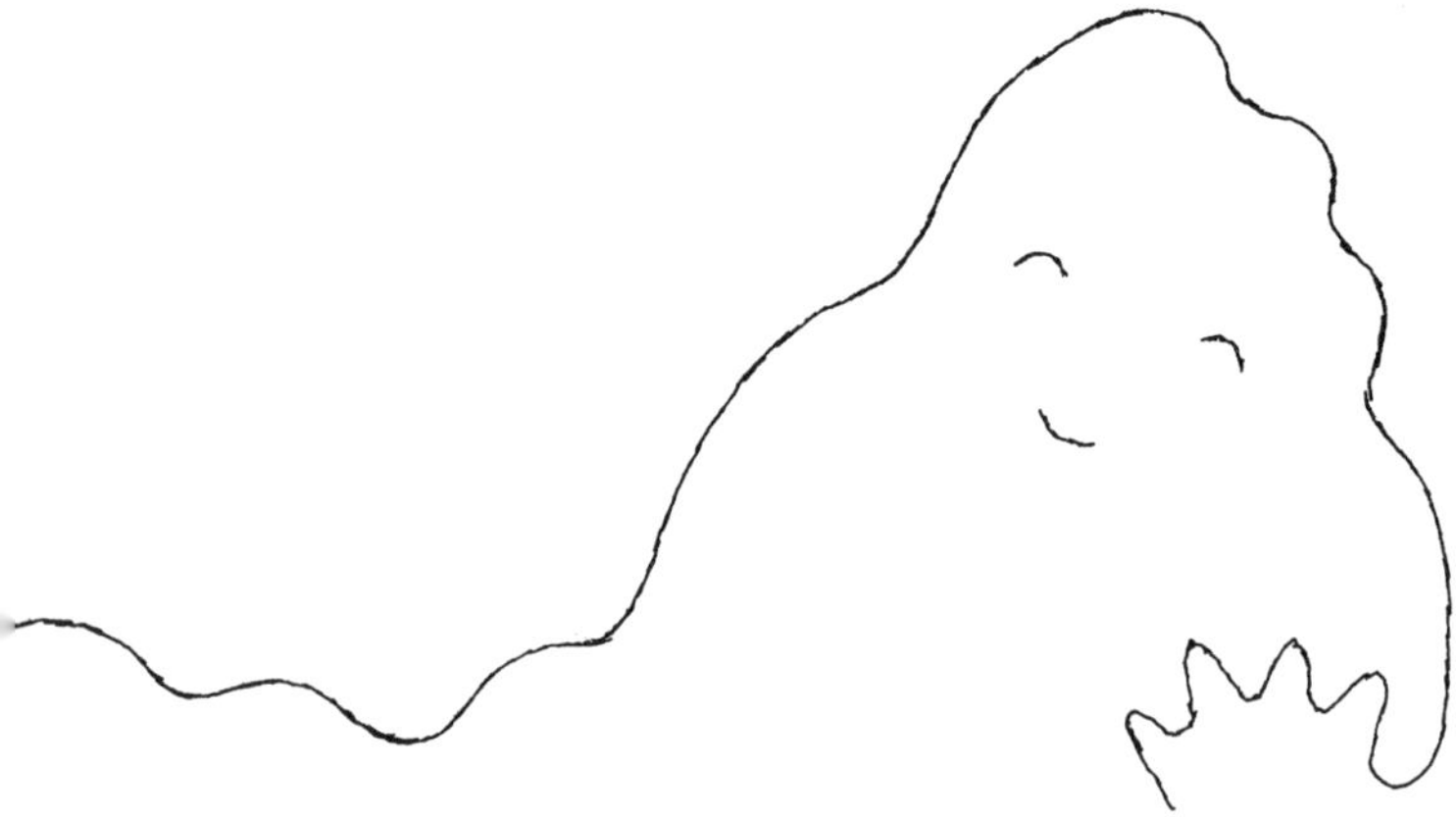

ボクをいつもむかえてくれる
母さんはみなと
大うなばら
へとへとにつかれている
ボクはふね
ボクをやさしく
だきしめてくれる
母さんは
うれしい　みなと

サワガニ取《と》り

夏《なつ》やすみ
むぎわらぼうしに
長《なが》ぐつはいて
ブリキのバケツを持《も》って
ひみつきちにしていた
うら山《やま》のサワに
ともだちと二人《ふたり》
サワガニを取りに行《い》く

郵便はがき

恐れいりますが
切手をお貼りください

248-0017

神奈川県鎌倉市佐助 1-10-22 佐助庵

㈱ 銀の鈴社

ジュニアポエムシリーズNo.295

『コピーロボット』

担当 行

下記個人情報につきましては、お客様のご意見・ご要望への回答ならびに銀の鈴社書籍・サービス向上のために活用させていただきます。なお、頂きました情報につきましては、個人情報保護法に基づく弊社プライバシーポリシーを遵守のうえ、厳重にお取り扱い致します。

ふりがな	お誕生日
お名前 （男・女）	年　月　日
ご住所 （〒　　　　） TEL	
E-mail	

☆ **この本をどうしてお知りになりましたか？**（□に✓をしてください）

□ 書店で　□ ネットで　□ 新聞、雑誌で（掲載誌名：　　　　）

□ 知人から　□ 著者から　□ その他（　　　　）

★ Amazonでご購入のお客様へ　おねがい★

本書レビューをお願いいたします。

読み終わった今の新鮮な気持ちが多くの人たちに伝わりますように。

ご愛読いただきまして、ありがとうございます

今後の参考と出版の励みとさせていただきます。
（著者へも転送します）

◆ 本書へのご意見・ご感想をお聞かせください

◆ 著者：土屋律子さんへのメッセージをお願いいたします

※お寄せいただいたご感想はお名前を伏せて本のカタログやホームページ上で使わせていただくことがございます。予めご了承ください。

▼ご希望に✓してください。資料をお送りいたします。▼

□本のカタログ　□野の花アートカタログ　□個人出版　□詩・短編童話作品の応募要項

ゲラを先読みした 読者の方々から

「本のたんじょうに たちあおう」

～ 読んで感じたこと ～

大人になるにつれて、いつのまにか置いてきてしまった小さな発見や小さな喜び。

気をてらわない素直な言葉で、若人に贈るエール。

ひとつひとつ読むうちに、清らかな水に洗われるような心地よさに包まれて、童心に帰るって、きっとこういう気持ちなんだろうと静かに思える詩集です。


（50代・女性）

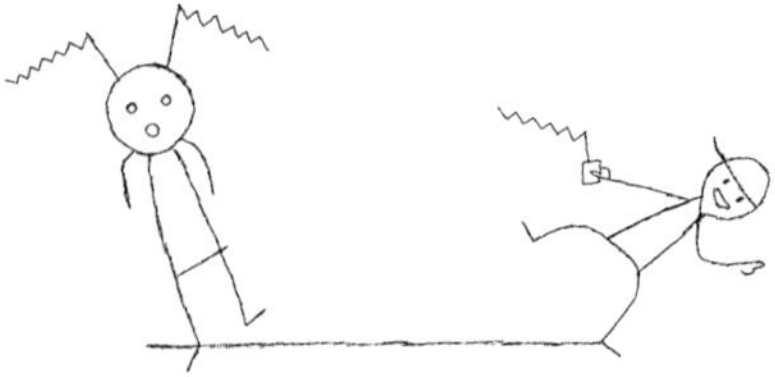

ジュニアポエムシリーズNo.295
土屋律子 詩集　吉野晃希男 絵
『コピーロボット』
銀の鈴社刊

サワの音《おと》は
きれいな水《みず》の流《なが》れる
山の中《なか》のかわらない
ひとりぼっちの音

取ったサワガニが
ブリキのバケツから
にげだそうと
シャカ　シャカ　シャカ　シャカ
小《ちい》さな足《あし》音　たてて
もがいている

サワガニ取りは

夏やすみの
小さな音のする
たのしい思《おも》い出《で》

Ⅱ　ちいさなはっけん

ちいさいちいさい「の」

みつけたんだ
あいうえおひょうのなかの
ちいさいちいさい「の」

けしきの「け」のさいごに
ちいさいちいさい「の」かくと
はさみの「は」になるんだ

めがねの「め」のさいごに

ちいさいちいさい「の」かくと
ぬりえの「ぬ」になるんだ

わなげの「わ」のさいごに
ちいさいちいさい「の」かくと
ねずみの「ね」になるんだ

かくれてたんだ
あいうえおひょうのなかに
ちいさいちいさい「の」

てんねんのかぎあみ

ミンミンゼミの
はねって
すきとおった
レースのようで
きれいだね
だれが
あんだのだろう
てんねんの
かぎあみ

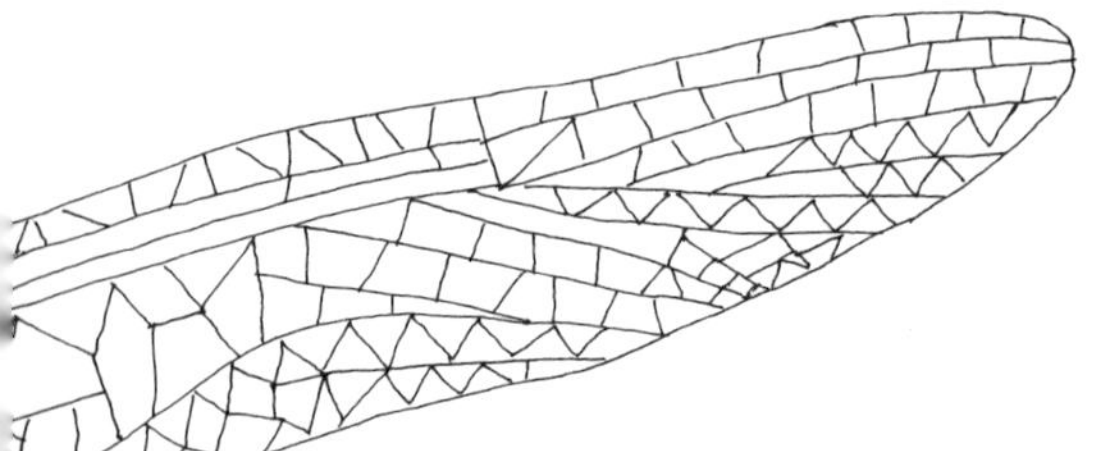

シオカラトンボの
はねって
すきとおった
レースのようで
すてきだね
だれが
あんだのだろう
てんねんの
かぎあみ

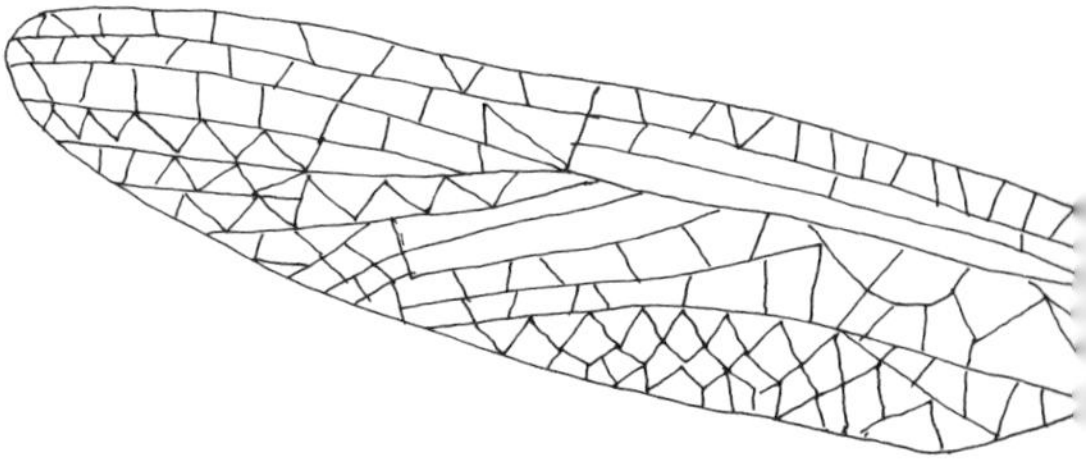

カメとカエルのきょうそう

カメとカエルが
水《みず》の中《なか》できょうそう
カメはいぬかきで
ちょこっとずつすすみ
カエルはひらおよぎで
すいすい　すすむ

水辺《べ》できょうそうしても
カメはゆっくり

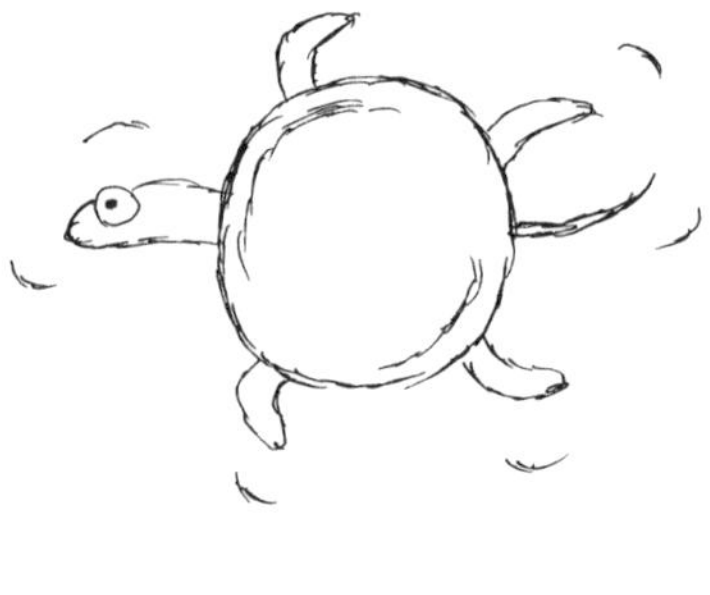

あるいてすすみ
カエルはぴょんぴょん
すすんで
どっちもカエルのかち

陸《りく》でも水の中でも
カメはまけるけど
ながいきのきょうそうには
かてるね

大《おお》きい波《なみ》

波うちぎわ
しっぽをふって
走《はし》りまわっていた
犬《いぬ》の足《あし》あと
大きい波が消《け》しにきた

波うちぎわ
一歩《いっぽ》　一歩　歩《ある》いていた
妹《いもうと》の小《ちい》さい足あと

大きい波が消しにきた

波うちぎわ
ひろった棒《ぼう》で書《か》いた
ボクの名前《なまえ》
大きい波が消しにきた

大きい波は
とつぜん　やってくる
自然《しぜん》の消しゴム

春《はる》のはくしゅ

にわで
とったばかりの
ぷちぷちが
かわいい
ふきのとう

母《かあ》さん
すぐに
てんぷらに

ふきのとう
あぶらの中《なか》で
パーッと
ひらいて
パチ　パチ
春のはくしゅ

秋《あき》の風《かぜ》のいろ

コスモスのはな
ゆらす　ピンクの風
あきのやさしさ
ふりまいて
風はピンクにそまる

キンモクセイのはな
おとす　オレンジの風
あきのかおり

ふりまいて
風はオレンジにそまる

イチョウのはっぱ
ちらす　きいろの風
あきのさびしさ
ただよわせ
風はきいろにそまる

くものちぎり絵《え》

あおいおお空《ぞら》に
たくさんの
白《しろ》いくも

ふわふわのわた
はりつけたような
ちぎり絵
はりつけたのはだーれ？

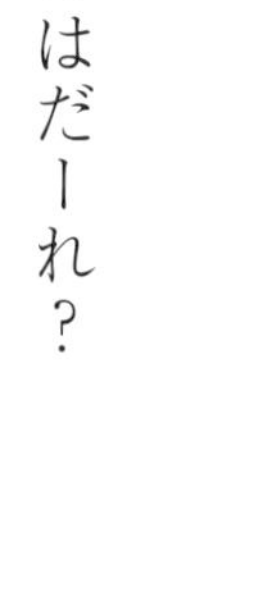

ちぎり絵ずきな
かみさまかな

すこしずつ
うごいて
かたちをかえていく

見《み》あげているだけで
こころがひろくなる

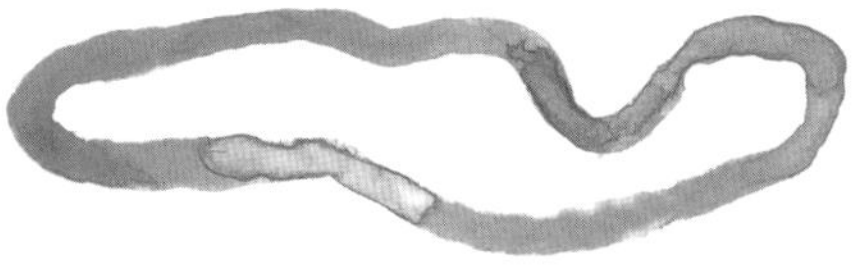

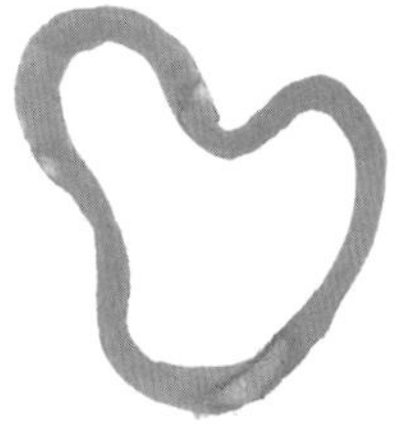

風《かぜ》のあしあと

風がふくと
のはらのポピーがゆれる
カラフルな
風のあしあと　のこして
のはらがゆれる

風がふくと
たんぼのイネがゆれる
さわやかな

風のあしあと　のこして
たんぼがゆれる

風がふくと
いなかのこずえがゆれる
なつかしい
風のあしあと　のこして
おもいでがゆれる

かんそうワカメ

からからに
ほされて
ちぢまっている
かんそう　ワカメ
水《みず》の中《なか》に入《い》れたら
ずんずん
大《おお》きく
ふくらんで

りっぱな
すべすべ
ワカメに

そんなに
ちぢまって
がまんしていたんだね

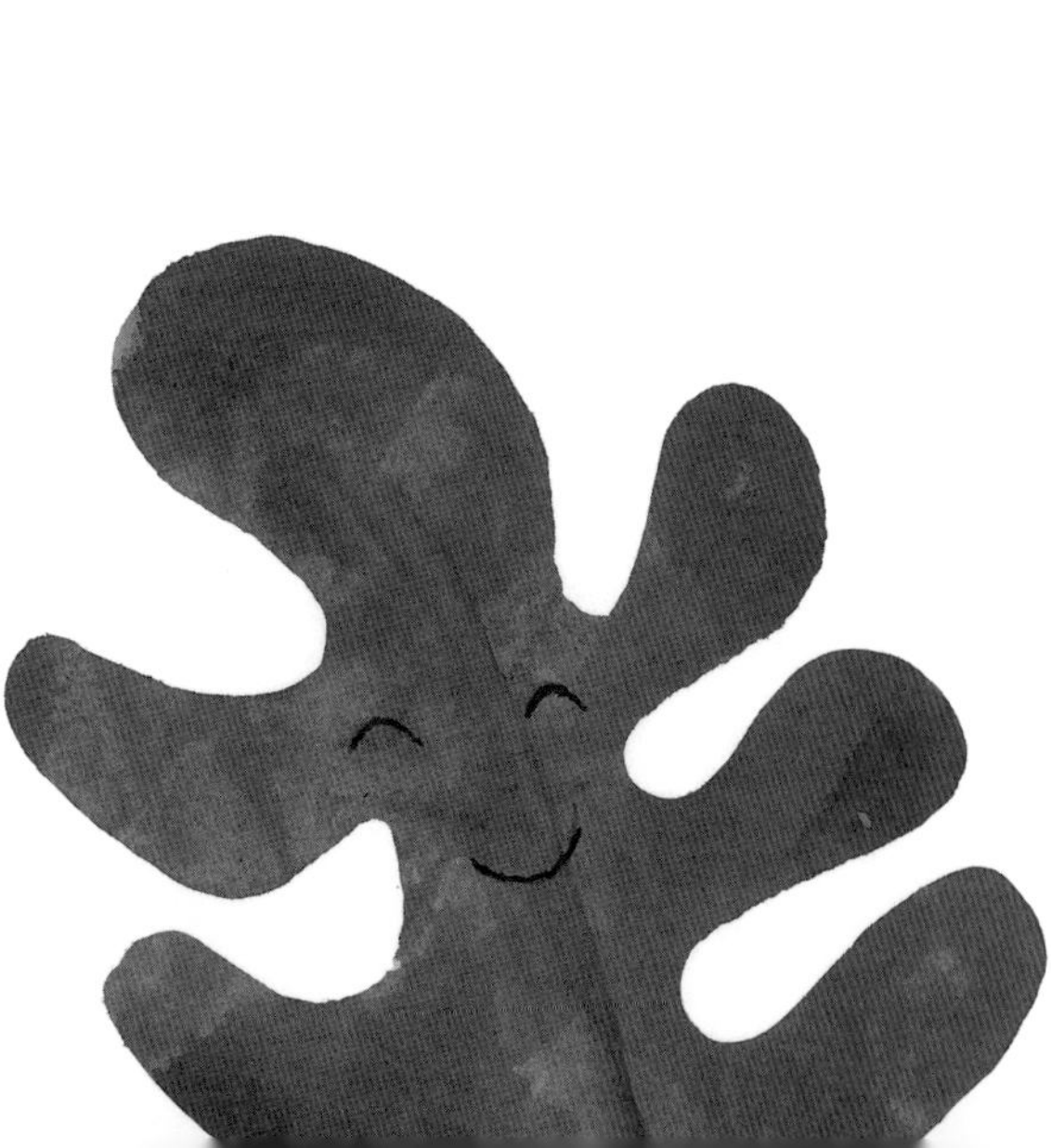

花火《はなび》

よぞらに
つぎつぎ　あがる
うちあげ　花火
空《そら》は
やけどしないのかな?
空の上《うえ》では
星《ほし》が
びっくりぎょうてん
しているだろうな

みなとで
海《うみ》に　こぼれる
しかけ　花火
海は
あつくならないかな？
海の中《なか》では
魚《さかな》が
びっくりぎょうてん
しているだろうな

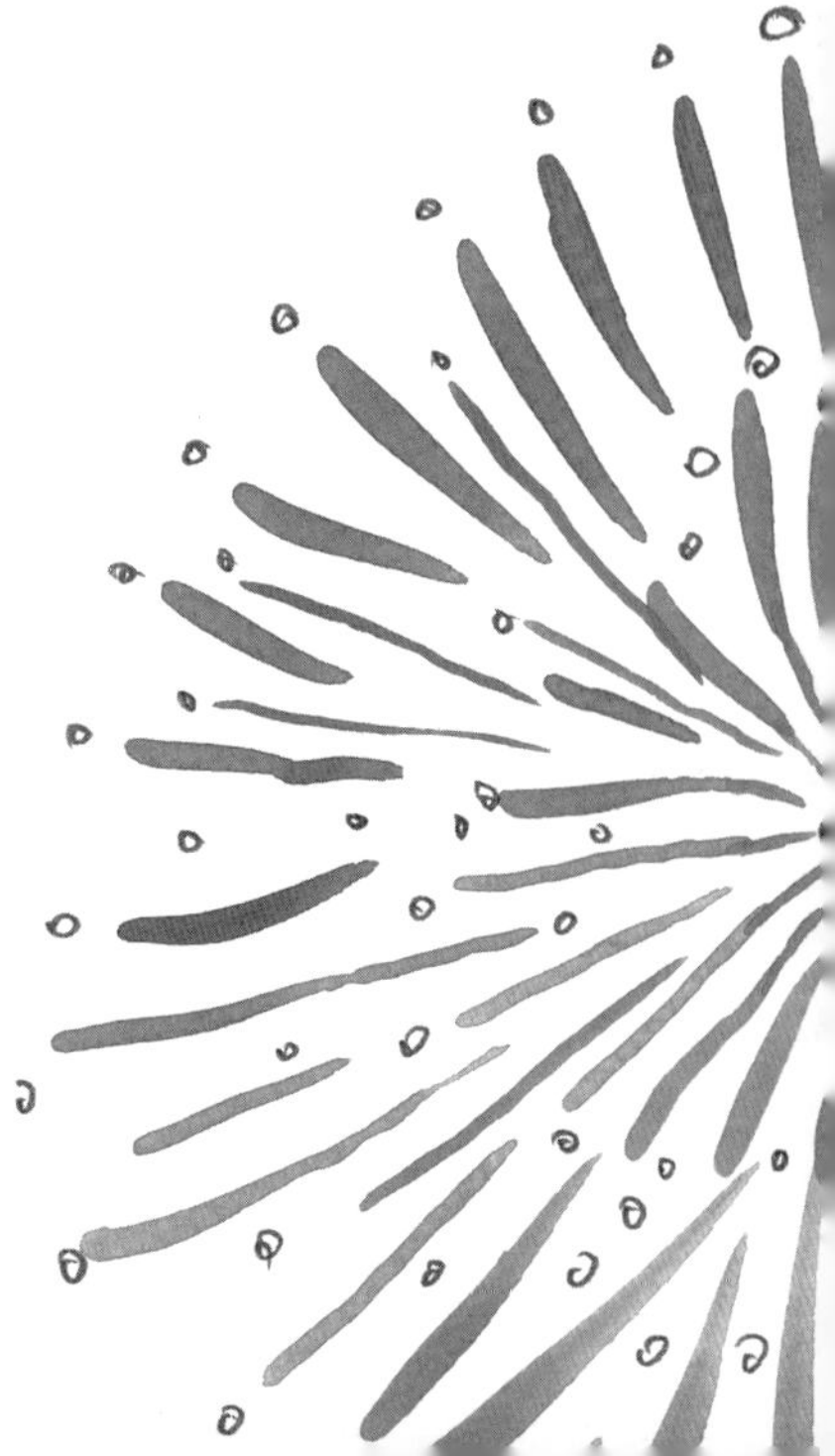

カメになりたい

カメはこうらに
もぐっていれば
さむくない

外《そと》を見《み》たいときは
首《くび》をのばして
キョロ　キョロ

さんぽしたいときは

四本《よんほん》の足《あし》をだして
ソロリ　ソロリ
冬《ふゆ》はカメになりたい

屋根《やね》はやさい色《いろ》

あかい屋根のおうち
空《そら》からみおろしたら
トマトにみえるかな
みどりのほしもよう
かわいい　屋根だね

みどり屋根のおうち
空からみおろしたら
ピーマンにみえるかな

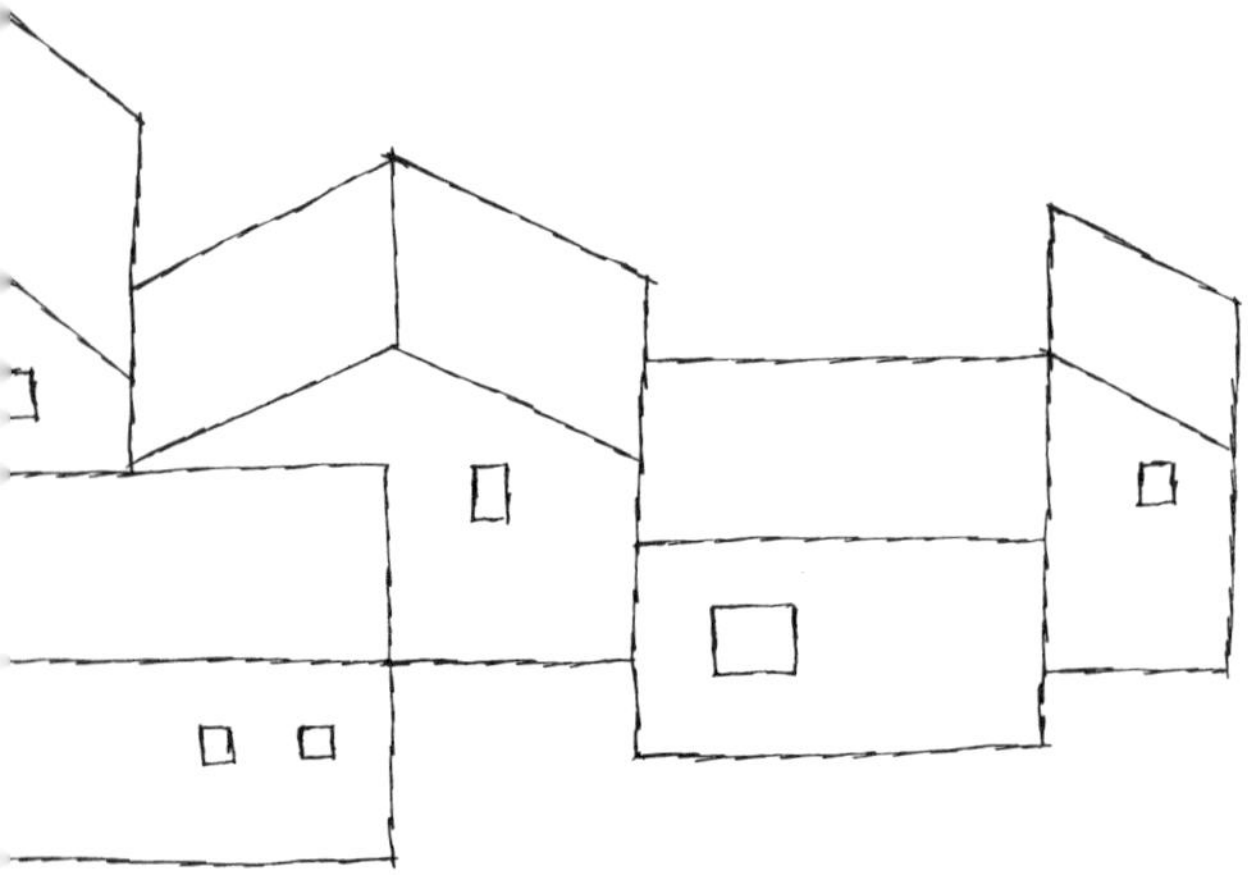

おうさまのかんむり
りっぱな　屋根だね

きいろ屋根のおうち
空からみおろしたら
トウモロコシにみえるかな
きれいにならんだ
かわらの　屋根だね

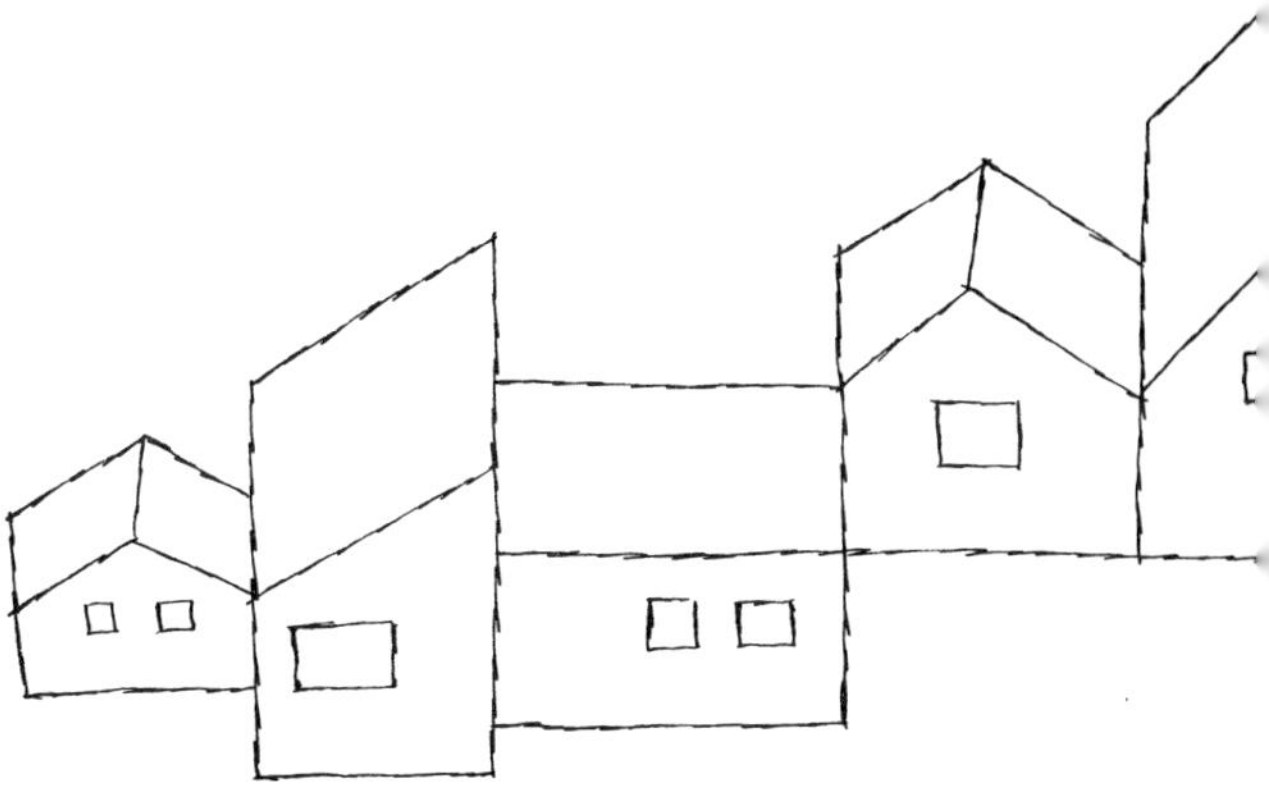

竹《たけ》とんぼ

なるべく　遠《とお》く
なるべく　遠く
とべとべ　とんでいけ
竹とんぼ
だけど
ほんとうに
はるか　とおくへいって
もどってこなかったら
どうしよう

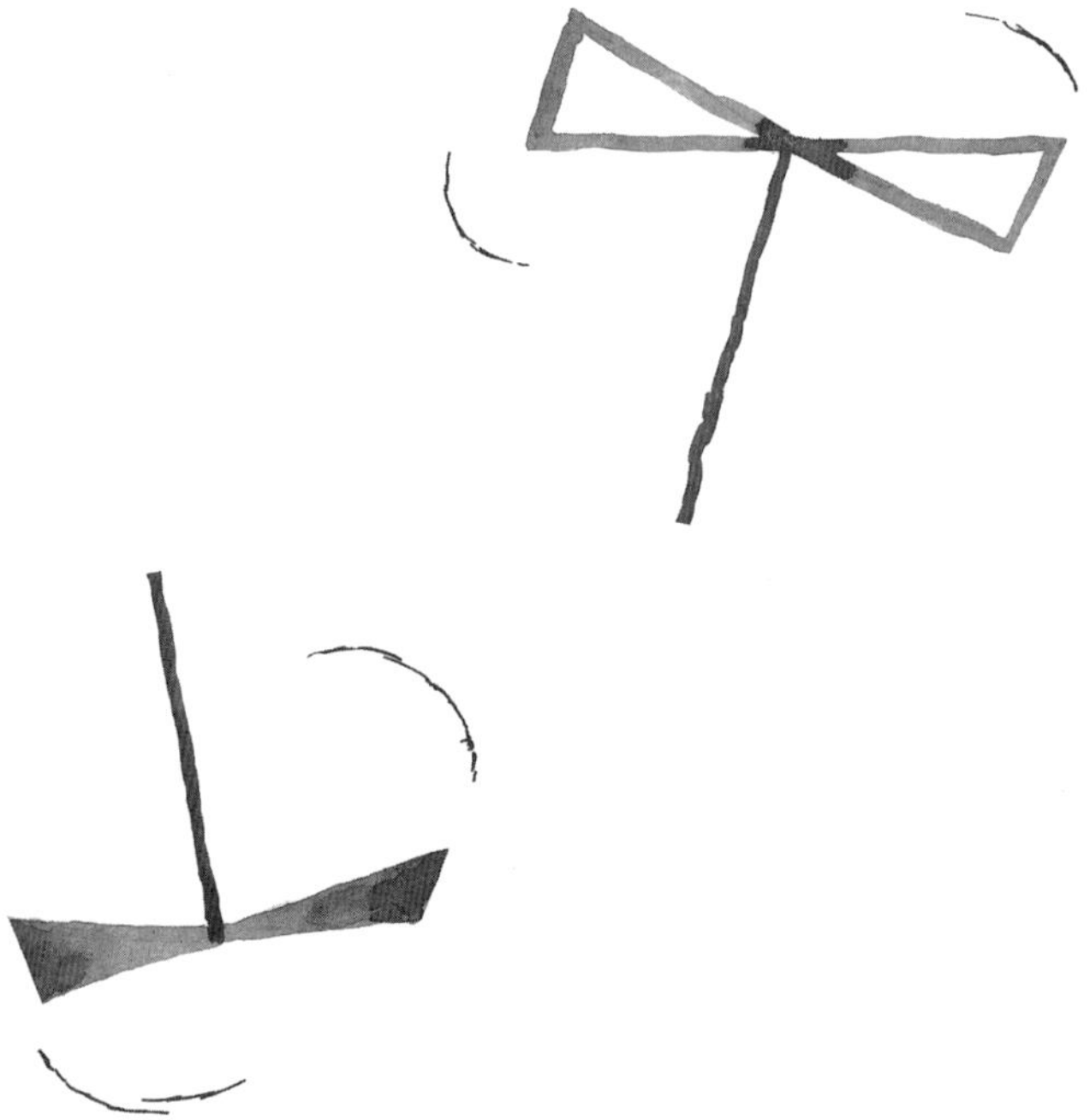

なるべく　近《ちか》く
なるべく　近く
くるりと　かえってきて
竹とんぼ
　そらが
すきになって
はるか　かなたへいって
もどってこなかったら
どうしよう

おおきなちょきんばこ

ごはんをいっぱいたべて
いえでエネルギー
ちょきんしている
そとでつかって
へってきたら
いえでエネルギー
ちょきん　ちょきん
いえはおおきなちょきんばこ

母《かあ》さんにいっぱいあまえ
いえでリラックス
ちょきんしている
そとでつかって
へってきたら
いえでリラックス
ちょきん　ちょきん
いえはおおきなちょきんばこ

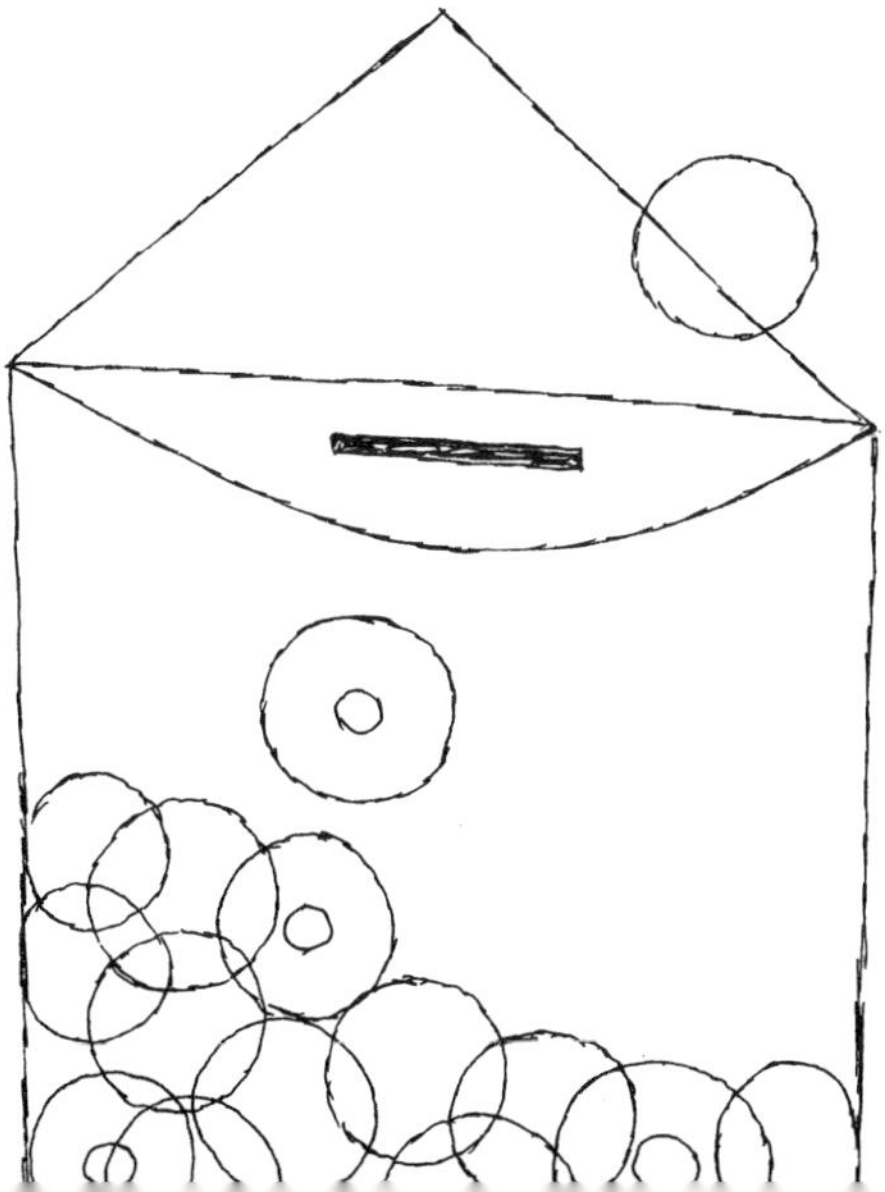

空気《くうき》がとんがった

しゅくだい
すっかり　わすれて
ゲームであそんでいたら
母《かあ》さんの大《おお》きな声《こえ》
「いいかげんにしなさい！」

とつぜん
空気がとんがった

あそびすぎて
すっかり　くらくなって
外《そと》からかえってきたら
母《かあ》さんの大きな声
「いつまであそんでるの！」

とつぜん
空気がとんがった

ぷんぷん虫《むし》

とんでくるとこまるな
母《かあ》さん　ぷんぷん虫
五時《ごじ》には　そとあそび
おしまいよ
母さんとのやくそく
やぶって
ともだちとドッジボールで
あそんでいたら
はねをひろげて

とんできた

とんでくるとこわいな
母さん　ぷんぷん虫
九時《くじ》には　しゅくだい
すませてね
母さんとのやくそく
やぶって
おとうととテレビゲームで
あそんでいたら
つのをだして
とんできた

おもいでのお手《て》玉《だま》

お手玉のように
ポーンとたかく
あげたら
とおくに
はなれていく
おおくのおもいで
お手玉のように
フワッとうまく

うけたら
てもとに
もどってくる
たのしいおもいで

お手玉のように
おもいでと
あそんでいる
おばあちゃん
うれしそうだね

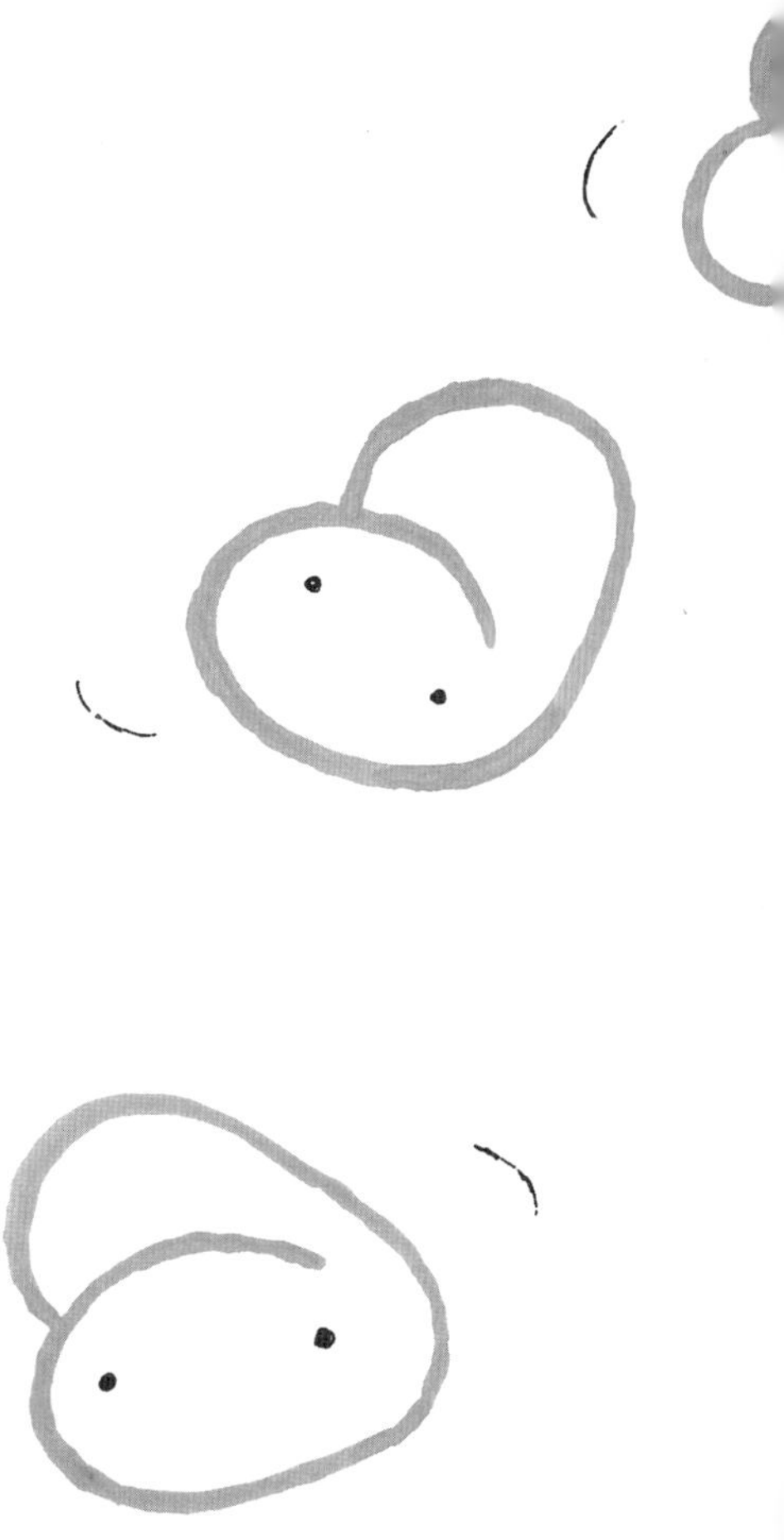

あとがき

二〇一五年六月、夫の誕生日に私にとって三冊目のジュニアポエム『まほうのくつ』を出版しました。夫はその三日後、天国へ旅立ちました。

優しく心の支えだった夫の心のささやきを「星のこえ」の詩にしました。

本書を手に取ってくださった方々に厚く御礼を申し上げます。

二〇二〇年五月

土屋律子

詩・土屋　律子（つちや　りつこ）

1948年　東京生まれ。現在、大磯町在住。
1984年　木曜会入会　現在会員
2000年　詩集『一冊の絵本』（木曜会出版部）
2001年　日本童謡協会入会　現在会員
2002年　第18回三木露風賞　入賞
2005年　詩集『るすばんカレー』（銀の鈴社）
2009年　第46回東京都児童作曲コンクールの課題詩に選ばれる。
2010年　詩集『ただいまぁ』（銀の鈴社）
2013年　童謡誌「ぴちぽち」入会　現在会員
2015年　詩集『まほうのくつ』（銀の鈴社）
2019年　第56回東京都児童作曲コンクールの課題詩に選ばれる。
現在「インターネット木曜手帖」「ポエムアンソロジー」「年刊童謡詩集 こどものうた」「年刊子どものための少年詩集」「ぴちぽち」に作品を発表している。

絵・吉野《よしの》　晃希男《あきお》

1948年　神奈川県茅ヶ崎市に生まれ、現在、鎌倉市在住。
1972年　東京藝術大学絵画科油絵専攻卒業
絵本として福音館書店、ベネッセコーポレーションなど。

NDC911
神奈川　銀の鈴社　2020
81頁 21cm（コピーロボット）

ジュニアポエムシリーズ　295　　2020年5月5日発行
本体1,600円＋税

コピーロボット

著　者　詩・土屋　律子©　絵・吉野　晃希男©
発行者　柴崎聡・西野真由美
編集発行　㈱銀の鈴社 TEL 0467-61-1930　FAX 0467-61-1931
〒248-0017　神奈川県鎌倉市佐助1-10-22佐助庵
https://www.ginsuzu.com
E-mail info@ginsuzu.com

ISBN978−4−86618−092−2 C8092　　印刷　電算印刷
落丁・乱丁本はお取り替え致します　　製本　渋谷文泉閣

···ジュニアポエムシリーズ···

1 鈴木敏史・詩集 宮下琢郎・絵 星の美しい村 ★☆

2 小池知子・詩集 高志孝子・絵 おにわいっぱいぼくのなまえ ★☆

3 鶴岡千代子・詩集 武田淑子・絵 白い虹 児文芸新人賞

4 楠木しげお・詩集 久保雅勇・絵 カワウソの帽子

5 津坂治男・詩集 垣内美穂・絵 大きくなったら ★◇

6 後藤れい子・詩集 山本まつ子・絵 あくたれぼうずのかぞえうた

7 北村蔦子・詩集 柿本幸造・絵 あかちんらくがき

8 吉田瑞穂・詩集 吉田翠・絵 しおまねきと少年 ★⊠◎

9 新川和江・詩集 葉祥明・絵 野のまつり ★☆

10 阪田寛夫・詩集 織茂恭子・絵 夕方のにおい ★◈○☆

11 高田敏子・詩集 若山憲・絵 枯れ葉と星 ★☆

12 原田直友・詩集 吉田翠・絵 スイッチョの歌 ★◎

13 小林純一・詩集 久保雅勇・絵 茂作じいさん ★♪⊙☆◎

14 谷川俊太郎・詩集 長新太・絵 地球へのピクニック ★◎◇

15 与田準一・詩集 深沢省三・深沢紅子・絵 ゆめみることば ★

16 岸田衿子・詩集 中谷千代子・絵 だれもいそがない村

17 江間章子・詩集 榊原直美・絵 水と風 ◇◎

18 原田直友・詩集 小野まり・絵 虹—村の風景— ★

19 福田正夫・詩集 福田達夫・絵 星の輝く海 ★☆

20 草野心平・詩集 長野ヒデ子・絵 げんげと蛙 ★☆○◇

21 宮田滋子・詩集 青木まさる・絵 手紙のおうち ☆○

22 久保田昭三・詩集 斎藤彬子・絵 のはらでさきたい

23 鶴岡千代子・詩集 加倉井和夫・武田淑子・絵 白いクジャク ★♪

24 尾上尚子・詩集 まど・みちお・絵 そらいろのビー玉 ★☆ 児文協新人賞

25 水上紅・詩集 深沢紅子・絵 私のすばる ☆

26 野呂昶・詩集 福島一二三・絵 おとのかだん ★

27 こやま峰子・詩集 武田淑子・絵 さんかくじょうぎ ☆

28 青戸かいち・詩集 駒宮録郎・絵 ぞうの子だって

29 まきたかし・詩集 福田達夫・絵 いつか君の花咲くとき ★☆♡

30 薩摩忠・詩集 駒宮録郎・絵 まっかな秋 ★☆♡

31 新川和江・詩集 福島一二三・絵 ヤァ!ヤナギの木 ★☆○♡

32 井上靖・詩集 駒宮録郎・絵 シリア沙漠の少年 ★☆♡

33 古村徹三・詩・絵 笑いの神さま

34 江上波夫・詩集 青空風太郎・絵 ミスター人類 ○☆

35 秋原秀夫・詩集 鈴木義治・絵 風の記憶 ★◎

36 水村三千夫・詩集 武田淑子・絵 鳩を飛ばす

37 久冨純江・詩集 渡辺安芸夫・絵 風車 クッキングポエム

38 日野生三・詩集 吉野晃希男・絵 雲のスフィンクス ★

39 佐藤雅子・詩集 佐藤太清・広瀬きよみ・絵 五月の風 ★

40 小黒恵子・詩集 武田淑子・絵 モンキーパズル ★

41 木村信子・詩集 山本典子・絵 でていった

42 中野栄子・詩集 吉田翠・絵 風のうた ☆

43 宮田滋子・詩集 牧村慶子・絵 絵をかく夕日 ★

44 大久保ティ子・詩集 渡辺安芸夫・絵 はたけの詩 ★☆

45 秋原秀夫・詩集 赤星亮衛・絵 ちいさなともだち ♥

☆日本図書館協会選定(2015年度で終了)　♪日本童謡賞　♧岡山県選定図書　◇岩手県選定図書
★全国学校図書館協議会選定(SLA)　♡日本子どもの本研究会選定　◆京都府選定図書
□少年詩賞　■茨城県すいせん図書　♥秋田県選定図書　⊠芸術選奨文部大臣賞
○厚生省中央児童福祉審議会すいせん図書　♣愛媛県教育会すいせん図書　⊙赤い鳥文学賞　◈赤い靴賞

…ジュニアポエムシリーズ…

✲サトウハチロー賞　✣毎日童謡賞
☼三木露風賞
♤福井県すいせん図書
▲神奈川県児童福祉審議会推薦優良図書
♠奈良県教育研究会すいせん図書
❖北海道選定図書　⊛三越左千夫少年詩賞
◈静岡県すいせん図書
◎学校図書館図書整備協会選定図書（SLBA）

…ジュニアポエムシリーズ…

No.	詩	絵	書名	記号
91	新井　和詩集	高田　三郎・絵	おばあちゃんの手紙	☆★
92	はなわたえこ詩集	えばとかつこ・絵	みずたまりのへんじ	★♪
93	柏木恵美子詩集	武田　淑子・絵	花のなかの先生	☆
94	中原千津子詩集	寺内　直美・絵	鳩への手紙	★
95	高瀬美代子詩集	小倉　玲子・絵	仲なおり	★
96	杉本深由起詩集	若山　憲・絵	トマトのきぶん	☆★◎ 児文芸新人賞
97	宍倉さとし詩集	守下さおり・絵	海は青いとはかぎらない	♧
98	石井　英行詩集	有賀　忍・絵	おじいちゃんの友だち	■
99	なかのひろ詩集	アサト・シェラ・絵	とうさんのラブレター	☆★
100	小松　静江詩集	藤川　秀之・絵	古自転車のバットマン	
101	石原　一輝詩集	加藤　真夢・絵	空になりたい	☆❖★
102	小泉　周二詩集	西　真里子・絵	誕生日の朝	☆■★
103	くすのきしげのり童謡	わたなべあきお・絵	いちにのさんかんび	☆★
104	成本　和子詩集	小倉　玲子・絵	生まれておいで	☆★❖♡♧
105	伊藤　政弘詩集	小倉　玲子・絵	心のかたちをした化石	★
106	川崎　洋子詩集	井戸　妙子・絵	ハンカチの木	□★☆
107	柘植　愛子詩集	油野　誠一・絵	はずかしがりやのコジュケイ	❖
108	新谷智恵子詩集	葉　祥明・絵	風をください	☆◈☼♪♡✣
109	金親　尚子詩集	牧　進・絵	あたたかな大地	☆
110	黒柳　啓子詩集	吉田　翠・絵	父ちゃんの足音	☆★♡□
111	富田　栄子詩集	油野　誠一・絵	にんじん笛	♡☆
112	原　国子詩集	高畠　純・絵	ゆうべのうちに	☆△
113	宇部　京子詩集	スズキコージ・絵	よいお天気の日に	○□♪☆◇★
114	武鹿　悦子詩集	牧野　鈴子・絵	お花見	☆□
115	山本なおこ詩集	梅田　俊作・絵	さりさりと雪の降る日	☆★
116	小林比呂古詩集	おおた慶文・絵	ねこのみち	☆
117	後藤れい子詩集	渡辺あきお・絵	どろんこアイスクリーム	☆
118	重清　良吉詩集	高田　三郎・絵	草の上	☆□✤◆★
119	宮中　雲子詩集	西　真里子・絵	どんな音がするでしょか	✲★
120	前山　敬子詩集	若山　憲・絵	のんびりくらげ	☆★
121	川端　律子詩集	若山　憲・絵	地球の星の上で	♡
122	たかはしけいこ詩集	織茂　恭子・絵	とうちゃん	♡✤♣★
123	宮田　滋子詩集	深澤　邦朗・絵	星の家族	☆♪
124	国沢たまき詩集	唐沢　静・絵	新しい空がある	
125	池田あきつ詩集	小倉　玲子・絵	かえるの国	★
126	黒田　恵子詩集	倉島千賀子・絵	ボクのすきなおばあちゃん	☆★♡
127	垣内　磯子詩集	宮崎　照代・絵	よなかのしまうまバス	☆♡★
128	小泉　周二詩集	佐藤　平八・絵	太陽へ	✤★♪☆♡
129	中島　和子詩集	秋里　信子・絵	青い地球としゃぼんだま	☆★
130	のろさかん詩集	福島一二三・絵	天のたて琴	☆
131	加藤　丈夫詩集	葉　祥明・絵	ただ今受信中	☆★
132	北原　悠子詩集	深沢　紅子・絵	あなたがいるから	♡
133	池田もと子詩集	小倉　玲子・絵	おんぷになって	♡
134	鈴木　初江詩集	吉田　翠・絵	はねだしの百合	★
135	垣内　磯子詩集	今井　俊・絵	かなしいときには	★

△長野県教育委員会すいせん図書　✡㈶日本動物愛護協会推薦図書
◈茨城県推奨図書　●児童ペン賞

…ジュニアポエムシリーズ…

136 秋葉てる代詩集 やなせたかし・絵 おかしのすきな魔法使い ♪★
137 青戸かいち詩集 永田萠・絵 小さなさようなら ❀★
138 柏木恵美子詩集 高田三郎・絵 雨のシロホン ♡★
139 藤井則行詩集 阿見みどり・絵 春だから ♡★◎
140 黒田勲子詩集 山中冬児・絵 いのちのみちを
141 南郷芳明詩集 的場豊子・絵 花時計
142 やなせたかし 詩・絵 生きているってふしぎだな
143 内田麟太郎詩集 斎藤隆夫・絵 うみがわらっている
144 しまざきふみ詩集 島崎奈緒・絵 こねこのゆめ ♡
145 糸永えつこ詩集 武井武雄・絵 ふしぎの部屋から ♡
146 石坂きみこ詩集 鈴木英二・絵 風の中へ ♡
147 坂本のこ詩集 坂本こう・絵 ぼくの居場所 ♡
148 島村木綿子 詩・絵 森のたまご ❀
149 楠木しげお詩集 わたせせいぞう・絵 まみちゃんのネコ ★
150 牛尾良子詩集 上矢津・絵 おかあさんの気持ち ♡
151 三越左千夫詩集 阿見みどり・絵 せかいでいちばん大きなかがみ ★
152 水村三千夫詩集 高見八重子・絵 月と子ねずみ
153 川越文子詩集 横松桃子・絵 ぼくの一歩 ふしぎだね ★
154 すずきゆかり詩集 葉祥明・絵 まっすぐ空へ
155 西田純詩集 葉祥明・絵 木の声 水の声
156 清野倭文子詩集 水科舞・絵 ちいさな秘《ひ》密《みつ》
157 川奈静詩集 直江みちる・絵 浜ひるがおはパラボラアンテナ ★◎
158 若木良水詩集 西真里子・絵 光と風の中で
159 牧陽子詩集 渡辺あきお・絵 ねこの詩 ★◎
160 宮田滋子詩集 阿見みどり・絵 愛一輪 ★◎
161 井上灯美子詩集 唐沢静・絵 ことばのくさり ☆♪
162 滝波万理子詩集 滝波裕子・絵 みんな王《おう》様《さま》 ★♪
163 冨岡みち詩集 関口コオ・絵 かぞえられへん せんぞさん ★
164 垣内磯子詩集 辻恵子・切り絵 緑色のライオン ★◎
165 すぎもとれいこ詩集 平井辰夫・絵 ちょっといいことあったとき ★
166 岡田喜代子詩集 おぐらひろかず・絵 千年の音 ★☆◎
167 川奈静詩集 直江みちる・絵 ひもの屋さんの空 ★◎☆♥♡
168 鶴岡千代子詩集 武田淑子・絵 白い花火 ★☆
169 井上灯美子詩集 唐沢静・絵 ちいさい空をノックノック ★◎☆
170 尾崎杏子詩集 ひなた山すじゅう郎・絵 海辺のほいくえん ☆♡★◎
171 柘植愛子詩集 やなせたかし・絵 たんぽぽ線路 ☆♡★◎♪
172 小林比呂古詩集 うめざわのりお・絵 横須賀スケッチ ☆★◎♡▲
173 林佐知子詩集 串田敦子・絵 きょうという日 ☆★◎♡▲
174 後藤基宗子詩集 岡澤由紀子・絵 風とあくしゅ ☆♥★◎♡
175 土屋律子詩集 高瀬のぶえ・絵 るすばんカレー ☆♡★◎▲
176 三輪アイ子詩集 深沢邦朗・絵 かたぐるましてよ ★☆♡
177 田辺瑞美子詩集 西真里子・絵 地球賛歌 ☆★◎
178 高瀬美代子詩集 小倉玲子・絵 オカリナを吹く少女 ☆♡
179 中野惠子詩集 串田敦子・絵 コロポックルでておいで ★♡☆♪
180 松井節子詩集 阿見みどり・絵 風が遊びにきている ★☆♡▲

…ジュニアポエムシリーズ…

181 新谷智恵子詩集 徳田徳志芸・絵 とびたいペンギン 佐世保文学賞 ♡★◎▲

182 牛尾良子詩集 牛尾征治・写真 庭のおしゃべり ♡★◎

183 三枝ますみ詩集 高見八重子・絵 サバンナの子守歌 ☆★

184 佐藤雅子詩集 佐藤太清・絵 菊池治子・絵 空の牧《まき》場《ば》 ☆★♡■◎◈

185 山内弘子詩集 おぐらひろかず・絵 思い出のポケット ♡★♪

186 山内弘子詩集 阿見みどり・絵 花の旅人 ♡★▲

187 原国子詩集 牧野鈴子・絵 小鳥のしらせ ♡★△◎

188 人見敬子詩・絵 方《はこ》舟《ぶね》地球号 ―いのちは元気― ♡★◎

189 林佐知子詩集 串田敦子・絵 天にまっすぐ ★☆♡◎

190 小臣富子詩集 渡辺あきお・絵 わんさかわんさかどうぶつさん ✡♡★◎

191 川越文子詩集 かまだちえみ・写真 もうすぐだからね ♡★◎

192 永田喜久男詩集 武田淑子・絵 はんぶんごっこ ☆★◎♡

193 吉田房子詩集 大和田明代・絵 大地はすごい ★◎♡▲

194 石井春香詩集 高見八重子・絵 人魚の祈り ★♡

195 石原一輝詩集 小倉玲子・絵 雲のひるね ♡

196 たかはしけいこ詩集 高橋敏彦・絵 そのあと ひとは ★

197 宮田滋子詩集 おおた慶文・絵 風がふく日のお星さま ★♡◎

198 渡辺恵美子詩集 つるみゆき・絵 空をひとりじめ ★♡♪

199 宮中雲子詩集 西真里子・絵 手と手のうた ★

200 杉本深由起詩集 太田大八・絵 漢字のかんじ ★♡❀

201 井上灯美子詩集 唐沢静・絵 心の窓が目だったら ★♡

202 峰松晶子詩集 おおた慶文・絵 きばなコスモスの道 ★♡

203 高橋文子詩集 山中桃子・絵 八丈太鼓 ★♡

204 長野貴子詩集 武田淑子・絵 星座の散歩 ★♡

205 江口正子詩集 高見八重子・絵 水の勇気 ♡☆★

206 藤本美智子詩・絵 緑のふんすい ☆♡★

207 林佐知子詩集 串田敦子・絵 春はどどど ♡★◎

208 小関秀夫詩集 阿見みどり・絵 風のほとり ☆♡★▲

209 宗美津子詩集 宗信寛・絵 きたのもりのシマフクロウ ♡★

210 かわてせいぞう詩集 高橋敏彦・絵 流れのある風景 ☆♡★

211 土屋律子詩集 高瀬のぶえ・絵 ただいまぁ ★♡☆◎▲

212 永田喜久男詩集 武田淑子・絵 かえっておいで ☆♡★

213 みたみちこ詩集 牧進・絵 いのちの色 ♡★

214 糸永えつこ詩集 糸永わかこ・絵 母です 息子です おかまいなく ♡☆★

215 宮田滋子詩集 武田淑子・絵 さくらが走る ♡☆★♪

216 柏木恵美子詩集 吉野晃希男・絵 ひとりぽっちの子クジラ ♡★◎

217 江口正子詩集 高見八重子・絵 小さな勇気 ♡☆★

218 井上灯美子詩集 唐沢静・絵 いろのエンゼル ★♡

219 中島あやこ詩集 日向山寿十郎・絵 駅伝競走 ★☆♡

220 高橋孝治詩集 高見八重子・絵 空の道 心の道 ★♡

221 江口正子詩集 日向山寿十郎・絵 勇気の子 ♡☆★

222 宮田滋子詩集 牧野鈴子・絵 白鳥よ ☆★

223 井上良子詩集 銅版画 太陽の指環 ★

224 川越文子詩集 山中桃子・絵 魔法のことば ♡☆★

225 西本みさこ詩集 上司かのん・絵 いつもいっしょ ☆♡

…ジュニアポエムシリーズ…

…ジュニアポエムシリーズ…

- 271 むらかみみちこ 詩・絵 家族のアルバム ★♡
- 272 井上和子詩集 吉田瑠美・絵 風のあかちゃん ★♡
- 273 佐藤一志詩集 日向山寿十郎・絵 自然の不思議 ♡★
- 274 小沢千恵 詩・絵 やわらかな地球 ♡★
- 275 あべこうぞう詩集 大谷さなえ・絵 生きているしるし ♡★
- 276 宮田滋子詩集 田中槇子・絵 チューリップのこもりうた ★♡
- 277 林佐知子詩集 葉祥明・絵 空の日 ★♡
- 278 いしがいようこ 詩・絵 ゆれる悲しみ ★♡
- 279 村瀬保子詩集 武田淑子・絵 すきとおる朝 ♡★
- 280 あわのゆりこ詩集 高畠純・絵 まねっこ ★♡
- 281 川越文子詩集 福田岩緒・絵 赤い車 ★♡
- 282 白石はるみ詩集 かないゆみこ・絵 エリーゼのために ★♡
- 283 尾崎杏子詩集 日向山寿十郎・絵 ぼくの北極星 ♡★
- 284 壱岐梢詩集 葉祥明・絵 ここに ★
- 285 野口正路詩集 山手正彦・絵 光って生きている ★◎
- 286 樋口てい子詩集 串田敦子・絵 ハネをもったコトバ ★◎
- 287 火星雅範詩集 西川律子・絵 ささぶねにのったよ
- 288 大楠翠詩集 吉野晃希男・絵 はてなとびっくり ★◎
- 289 大澤清詩集 阿見みどり・絵 組曲 いかに生きるか ★
- 290 たかはしけいこ詩集 織茂恭子・絵 いっしょ ★♡
- 291 内田麟太郎詩集 大野八生・絵 なまこのぽんぽん
- 292 はやしゆみ詩集 はなてる・絵 こころの小鳥 ♡★
- 293 いしがいようこ 詩・絵 あ・そ・ぼ！ ★♡
- 294 帆草とうか 詩・絵 空をしかくく切りとって ★♡
- 295 土屋律子詩集 吉野晃希男・絵 コピーロボット
- 296 川上佐貴子詩集 はなてる・絵 アジアのかけ橋

＊刊行の順番はシリーズ番号と異なる場合があります。

ジュニアポエムシリーズは、子どもにもわかる言葉で真実の世界をうたう個人詩集のシリーズです。

本シリーズからは、毎回多くの作品が教科書等の掲載詩に選ばれており、1974年以来、全国の小・中学校の図書館や公共図書館等で、長く、広く、読み継がれています。

心を育むポエムの世界。

一人でも多くの子どもや大人に豊かなポエムの世界が届くよう、ジュニアポエムシリーズはこれからも小さな灯をともし続けて参ります。

radiko（ラジコ）でのラジオ
配信は2024年3月31日
をもって終了です